Ereignisse nach dem Übergang
UNERKLÄRLICHE PHÄNOMENE

Neu

mit weiteren

Geschichten

Sültz Bücher

Renate & Uwe H. Sültz
Bücher von A bis Z

Bibliografische Information durch die Deutsche Nationalbibliothek
Die Deutsche Nationalbibliothek verzeichnet diese Publikation in der
Deutschen Nationalbibliografie; detaillierte bibliografische Daten
sind im Internet über http://dnb.dnb.de abrufbar.

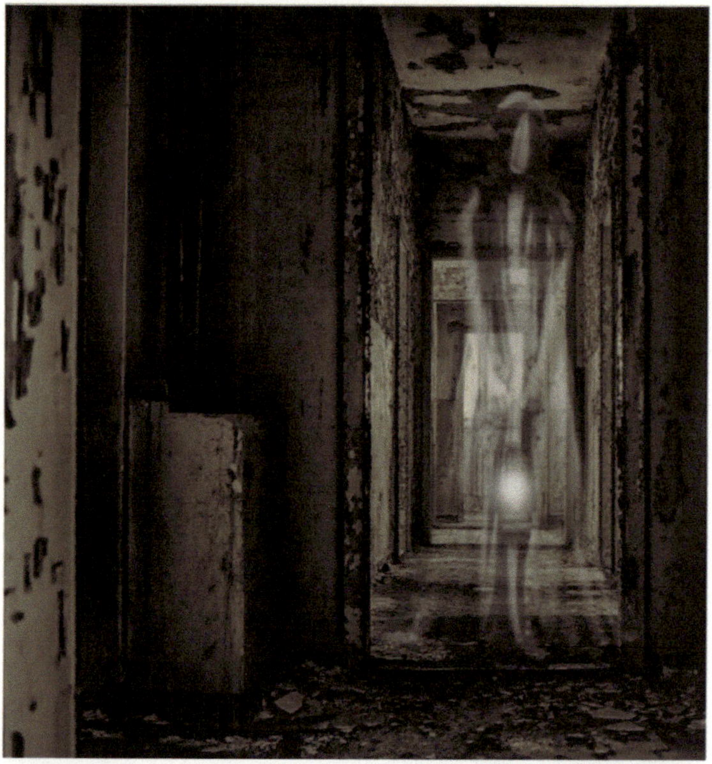

 Pointman2020 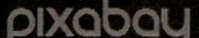 Aktives Mitglied bei pixabay

© Renate & Uwe H. Sültz

Herstellung und Verlag:
BoD – Books on Demand, Norderstedt
ISBN 9-78375-4-30933-9

Inhalt:

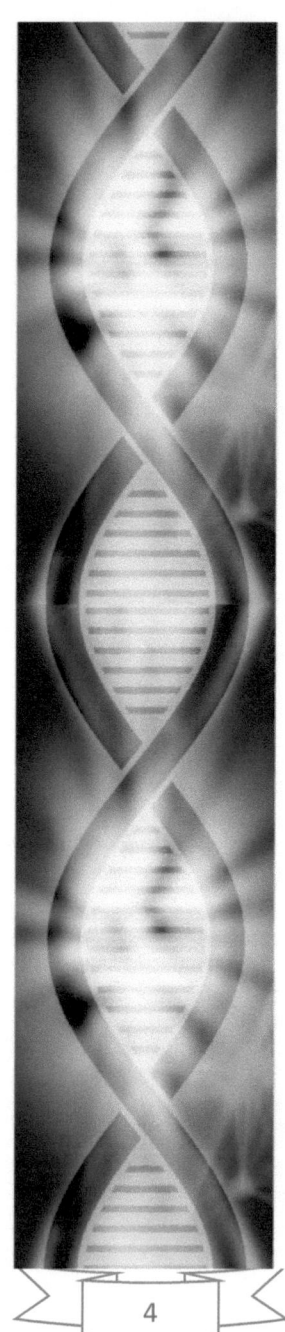

4

Vorwort:

Wieder sind neue unerklärliche Geschichten an uns herangetragen worden. Außerdem gibt es einen Rückblick auf die Geschichten vom ausverkauften Teil 1.

Ist Ihnen Folgendes auch schon einmal in ähnlicher Form passiert: Sie wachen in der Nacht auf und sehen im Flur ein helles Licht in Form eines DNA-Stranges? Etwa 60 cm lang, er leuchtet, aber er erleuchtet nichts. Sie beugen sich auf, um es besser zu sehen, da schließt sich die Schlafzimmertür mit einem quietschenden Geräusch. Nicht nur Sie sehen es, auch Ihr Partner. Der Hund läuft wild im Zimmer umher und versteckt sich unter der Decke...

Oder aber es antwortet ein Geist über Bewegungsmelder, nachdem konkrete Fragen gestellt wurden...

Es sind Geschichten, die es nicht geben kann, oder? Aber genau so wurden diese Ereignisse an uns herangetragen. Auf 10 Leerseiten können Sie Ihre eigenen Erlebnisse eintragen... es passiert immer zwischen Mitternacht und 3 Uhr.

Das günstig erworbene Haus gefiel uns. Zum einen, es ist nach unseren Vorstellungen gebaut und natürlich zum anderen, es war echt billig. Gut 20.000 Euro werden wir noch investieren müssen, dann ist es für uns wirklich toll. Unsere beiden Kinder haben sich bereits ihre Zimmer reserviert. Im unteren Raum werde ich mir einen Hobbykeller einrichten, obwohl die Kinder von einem Kicker-Raum sprechen. Sie sprechen immer noch davon, obwohl sich einiges an unerklärlichen Dingen im Haus abgespielt hat.

Das Haus wurde von der Vorbesitzerin verlassen, da sie mit Demenz in ein betreutes Wohnen einzog. Wir besuchten sie oft, Verwandte hatte sie keine. Gleichzeitig wollten wir auch unsere Dankbarkeit zum Ausdruck bringen. Die Vergesslichkeit der Vorbesitzerin, wir durften Tante Luise zu ihr sagen, schwankte jeden Tag. Mal erkannte sie uns, an anderen Tagen wieder nicht. Meine Frau und ich kannten uns schon etwas mit der Krankheit Demenz aus, aber wir staunten, als Tante Luise uns ihre Sicht des Vergessens erklärte. „Ja", sagte sie, „ein Teil von mir ist schon auf der anderen Seite, mein Körper und ein kleiner Teil sind noch hier." Selbstverständlich dachten wir über diese Aussage nach. Denn wir alle stellen uns doch die Fragen „woher" und „wohin".

Im Haus ging das große Aufräumen weiter. Ein ganzes Leben musste von Tante Luise durchkämmt werden. Es ist manchmal sehr traurig, dass wir einige Dinge einfach nur entsorgen mussten. Über die sehr gepflegte Kleidung freute sich das Rote Kreuz.

Dann war da noch eine riesig lange Krippe. Es war ein Krippendorf mit vielen Figuren. Auch Weihnachtssachen fanden wir im Waschkeller. Wir beschlossen, die 2,5 Meter lange Krippe aufzubauen und im Ebay anzubieten. Vom Erlös wollten wir Tante Luise regelmäßig Blumen mitbringen, solange es reicht.

Endlich war es so weit, die riesige Krippe war aufgebaut. Nun sollte sie angeboten werden. Es interessierten sich viele Käufer dafür. Nun, es war schließlich auch echte Handarbeit aus Berchtesgaden.

Am nächsten Morgen gingen wir alle gemeinsam in den Flur. Es ist ein Haus mit zwei Stockwerken. Nach dem Frühstück gehen die Kinder zur Schule, meine Frau und ich zur Arbeit. Im Flur schockte uns, dass alle 72

Figuren umgekippt waren. Niemand war aber über Nacht unten. Nun gut, am Abend wird eben alles wieder aufgebaut.

In Ebay gab es mittlerweile viele Kaufinteressenten, aber noch keine Gebote. Alle warteten eben auf die letzten Sekunden.

In der Nacht hörten wir um kurz nach Mitternacht ein lautes Gepolter. Sofort liefen wir in den Flur.
Was wir alle sahen, war unfassbar. Die Kiste mit den Weihnachtssachen lag umgekippt im Waschkeller.
Sie befand sich auf einem Regal im obersten Fach.
Wieder waren alle 72 Figuren umgekippt. Wir beschlossen, die Krippe und die Weihnachtsdekoration nicht zu verkaufen. Die Ebay-Auktion wurde gestoppt.

Nun, dies liegt zwei Jahre zurück. Die Krippe haben wir nun bereits zwei Mal zu Weihnachten aufgebaut. Selbstverständlich war Tante Luise immer dabei. Auch bekam sie bei unseren Besuchen immer einen Blumenstrauß.

Wir vermuten, dass der Teil mit den Erinnerungen im Haus geblieben ist, während ihr Körper ins Heim kam. Tante Luise lebt nun nicht mehr, aber die Krippe wird auch weiterhin ab Mitte November aufgebaut.

Rückblick: Was ist aus dem großen Schatten und den Berührungen in der Nacht geworden?

Wir nahmen noch einmal Kontakt per Mail mit den Eheleuten auf. Sie haben das Haus wieder verkauft, nachdem sich weitere unerklärliche Phänomene dort abgespielt haben. Hier nochmals zur Erinnerung:

<u>Ein Geist will schlafen gehen</u> - Akte: Schulz 11.16

In unserem Haus wurden früher spiritistische Sitzungen abgehalten. Ehrlich gesagt, daran glaubten wir nicht. Alles wurde neu gestrichen, hübsch eingerichtet und nun kam Freude auf. Aber nicht lange. Hier und dort schaltete sich das Licht ein. Nun gut, das konnten auch wir selbst gewesen sein.
Hier und dort ein Geräusch, auch das würde sich erklären lassen.

Trotzdem kamen Zweifel auf. Mit Bewegungsmeldern „bewaffneten" wir uns gegen das Mystische.

Eines Nachts, es war um 2 Uhr 45, wurde ich auf folgende Art geweckt:

Meine Frau und ich schliefen fest. Meine Frau lag auf dem Rücken, ich auf meiner linken Körperseite, zu ihr gerichtet. Wach wurde ich, weil ich auf meinem Rücken einen handgroßen Druck verspürte. Wollte meine Frau mich zur Mitte drücken oder der Hund hinter mich legen? Auf jeden Fall spürte ich den Druck auch im wachen Zustand. Mit der Hand fühlte ich meine Frau. Der Hund lag am Fußende. Ich öffnete meine Augen, der Druck blieb.

Erschrocken drehte ich mich um. Aus dem Zimmer verschwand ein etwa 1,80 Meter großer schwarzer Schatten. In unserem Schlafzimmer ist es übrigens nie ganz dunkel. Der Schatten verschwand in Richtung Flur. Sekunden später ging das Licht der Bewegungsmelder an.

Immer noch geschieht etwas Eigenartiges in unserem Haus.

Krankenhausgeschichten nach dem Koma:

Eine Frau mit weißer Mütze - Akte: XXX

Zwei Dinge sind mir, Uwe H. Sültz, selbst passiert. Bislang trug man unerklärliche Phänomene immer an uns heran. Es waren immer Menschen, denen man diese Vorkommnisse glauben konnte. Einmal übernachteten wir sogar dort, um uns selbst ein Bild von der Situation machen zu können.

Nun, im November letzten Jahres bin ich mit einem Zuckerwert von 1500 mg/dl ins Koma gefallen.
Bis dahin hatte ich nie etwas mit Diabetes zu tun. Meine Werte werden regelmäßig überprüft. Lediglich hatte ich am selben Tag sehr großen Durst, außerdem drehte mein Sehvermögen von Weitsichtigkeit auf Kurzsichtigkeit.

Am nächsten Tag wollte ich den Arzt besuchen. Zu spät... in der Nacht bin ich ins Zuckerkoma gefallen. Zwei Freunde haben wir dadurch bereits verloren.

Wir wussten, dass man mit 700 mg/dl und erst recht mit 1300 mg/dl sterben kann, so war es schließlich bei ihnen.

Ich hatte Glück, denn ich erwachte nach dem Zuckerkoma von schwindelerregenden 1500 mg/dl. Was ich konkret erlebt habe, schildere ich in meinem Büchlein „Erwachen nach dem Koma – Leben 2.0 – Uwe H. Sültz, Paperback, 28 Seiten, ISBN-13: 9783746048550".

Die Augen konnte ich nur ganz vorsichtig öffnen, erst das eine, dann das andere. Sofort wurde mir schwindelig. Neben meinem Bett, auf der linken Seite, stand Renate. Ich konnte nicht ihr Gesicht erkennen, alles war verschwommen. Auch wusste ich nicht, wo ich war, welcher Tag oder welche Uhrzeit es war. Ehrlich gesagt, es interessierte mich nicht. Füße, Beine und Arme konnte ich nicht bewegen. Aber ich sah Renate mit einer weißen Mütze mit Bommel. Ich erkannte sie an ihren großen braunen Augen. Die Mütze strahlte regelrecht, blendete mich sogar. Zufrieden schlief ich ein.

Am nächsten Tag hörte ich aus dem Lautsprecher: „Schwester oder Pfleger... Besuch für Herrn Sültz." Am Schritt erkannte ich Renate bereits. Mit den Schläuchen im Mund konnte ich kaum sprechen, aber ich fragte: „Wo ist denn Deine weiße Mütze? Die leuchtete so schön." Renate antwortete: „Welche Mütze? Ich habe keine weiße Mütze. Heute ist der erste Tag, an dem Du wieder aufgewacht bist."

Renate besprach dies mit der Schwester, denn es wusste niemand, dass ich im Krankenhaus war.

Die Schwester sagte: „Ich wunderte mich auch. Da war eine Frau am Bett. Niemand wusste, wie sie hineinkam oder wann sie ging."

Renate war von Anfang an im Krankenhaus, jede Stunde, jede Minute, jede Sekunde, aber eine Frau begegnete ihr im Warteraum nicht. Und durch diesen Raum müssen Besucher, um in die Intensivstation zu gelangen.

Wie gesagt, 1500 mg/dl war der Wert und ich lebe noch… besuchte mich ein Engel?

Meine Vermutung: Renates Vater ist lange schon auf der anderen Seite. Auch er hatte diese großen, braunen Augen. Wollte er vielleicht nicht, dass ich den Übergang antreten sollte?

Übrigens weiß ich ganz genau, was ich im Koma erlebt habe. Ich musste kämpfen, 100 Punkte erlangen und durch eine bunte Landschaft gehen. Trete ich ins lila Wasser, bin ich erledigt. Am Ende des Weges standen 3 Zelte, in denen musste ich um mein Leben kämpfen. Ich erzählte dies alles sofort den Schwestern und Pflegern. Ich bin kein Computer-Spieler, aber ähnlich sah es schon aus.

Meine Zuckerwerte habe ich heute im Griff. Es gibt keine Limonade mehr mit Zucker. Ein Stück Kuchen genieße ich mit Genuss. Alles mache ich heute mit Bewusstsein. Fastfood? Nein, danke! Renates Eintöpfe sind einmalig. Muss man immer erst krank werden, um vernünftig zu werden? Apropos: Muss immer erst ein Familienmitglied sterben, um ihn zu vermissen?

Was wurde aus Joachim?

Joachim wohnt heute bei seiner Schwester.
Sie versorgt ihn, denn er ist ein Pflegefall geworden.
Er spricht nicht mehr im Schlaf. Bald wird Joachim
wohl bei seiner geliebten Elke sein.
Hier nochmals zur Erinnerung:

<u>Botschaft aus dem Jenseits</u> - Akte: Hübner 08.18

Wie in jeder Ehe, so hatten auch Joachim und Elke
Höhen und Tiefen. Beide wurden vor dem Zweiten
Weltkrieg geboren. Beide erlebten das Donnern der
Bomben. Elke versteckte sich dabei immer im Keller
des Hotels Kaiserhof. Ihre Großeltern bewirtschaften
das Hotel. Hier wurde Elke auch geboren und lebte
bis zur Studienzeit in ihrem kleinen Zimmer in der
obersten Etage. Joachim war etwas jünger als Elke.
Beide verliebten sich in den 1970'er Jahren
ineinander. Elke hatte aus erster Ehe eine Tochter. Für
Elke und Joachim begann ein neuer Zeitabschnitt.
Joachim hätte gern Elkes Tochter adoptiert, aber dies
wollte sie auf keinen Fall. Leider war Carola sehr
eifersüchtig. Sie bestand darauf, in ein Internat
aufgenommen zu werden. Elke und Joachim
bewohnten ein kleines Haus am Rande der Stadt,
ließen Carolas Zimmer immer unberührt, denn
vielleicht würde sich die Eifersucht irgendwann legen.

Die Zeit verging.

Wie gesagt, es gab Höhen und Tiefen, so auch bei Elke
und Joachim, aber es überwogen nach vierzig
Ehejahren doch die Höhen. Beide wirkten perfekt
aufeinander abgestimmt. Wortlos verstanden sie sich.

Was aber nicht bedeutet hätte, dass sich beide nichts mehr zu sagen hatten, im Gegenteil, über alle Themen konnten sie stundenlang diskutieren. Mit der Zeit entstand eine tiefe Seelenliebe. Nichts, aber wirklich nichts, konnte sie aus dem Sattel heben. Alles bewerkstelligten sie gemeinsam. Beide kannten sich in- und auswendig.

Eines Tages erkrankte Elke an Alzheimer. Sie hatten bereits damit gerechnet, dass es geschehen könnte, denn in Elkes Familie erkrankten viele an Demenz. Immer und immer wieder kämpften sie dagegen an. Joachim trainierte Elkes Erinnerungen täglich bis zu zwei Stunden. Ob Kreuzworträtsel, Urlaubserinnerungen, Diskussionen, einfach die gesamte Bandbreite durch. Der behandelnde Arzt bestätigte, dass auf diese Art und Weise wohl eine Verschlechterung der Krankheit um zwei Jahre verschoben werden könnte. Und das bedeutete mehr Lebensqualität. Joachims Einsatz wuchs.

Auch er wurde krank, es war der Rücken. Joachim lebte nun nur noch mit Schmerztabletten, aber sein Einsatz wurde deshalb nicht weniger. Im Gegenteil, denn Elke wurde immer träger. Carola beobachtete diese Situation akribisch. Sie konnte ihre Eifersucht nie ablegen. Und es kam der Tag, an dem sie zuschlug.

Joachim musste zu einer Untersuchung, Elke war allein zu Hause. Carola stürmte mit ihrem Ehemann die Wohnung und beide schleppten Mutter Elke unter den Armen aus dem Haus. Joachim fand nur einen Zettel auf dem Küchentisch. Man wollte Mutter Elke untersuchen lassen, da man vermutete, dass Joachim

sie gezielt um die Ecke bringen wollte. Joachim brach zusammen. Es war nicht mehr möglich, einen Kontakt zu seiner Frau herzustellen. Drei Monate vergingen, mittlerweile war Joachim psychisch sehr krank geworden. Bei jedem Geräusch im Haus rief er: „Elke, ich komme sofort zu Dir!" Aber Elke war nicht da. Eigenartige Dinge geschahen im Haus. Dinge, die niemand erklären konnte. Die noch eingelegte Lieblings-CD von Elke startete in der Nacht automatisch. Geräusche, wie Joachim sie von Elke kannte, hörte er zu allen Zeiten. Er war immer wie versteinert, wurde schlapper und lustloser.
Das Leben wurde ohne Elke sinnlos.

Den Haushalt übernahm an einem Tag in der Woche Joachims Schwester. Sie kaufte ein und sorgte für Sauberkeit im Haus. Beide unterhielten sich immer wieder über den Vorfall. „Halte mich nicht für verrückt, aber ich spüre Elke deutlich hier im Haus. Es geht ihr nicht gut. Sie verlässt immer mehr ihren Körper", sagte Joachim oft. Joachims Schwester versuchte, ihrem Bruder zu glauben. Sie zog in das Gästezimmer. Eines Morgens sagte sie zu Joachim: „Du hast heute Nacht im Schlaf laut gesprochen. In einer anderen Stimmlage fragtest Du „Wo bist Du? Wenn ich das noch einmal höre, nehme ich es auf mein Diktiergerät auf." Joachim sagte darauf: „Siehst Du, Elke versucht Verbindung aufzunehmen. Sie ist hier um uns herum, ich weiß es, ich spüre sie, wir sind eins."

Monate vergingen. Joachim wurde schwächer. Einen Kontakt konnte er mit Elke einfach nicht herstellen. Tatsächlich passierte es noch weitere Male, dass Joachim im Schlaf sprach. Seine Schwester nahm ein sehr bedeutendes Gespräch auf. Mit fremder Stimme kam es aus Joachim: „Wo bist Du? Ich hätte Dich nie verlassen. Du bist meine große Liebe. Ich wurde einfach entführt und konnte mich nicht wehren. Nun bin ich bei Gott. Wo bist Du? Wann kommst Du zu mir?"

2. Krankenhausgeschichte nach dem Koma:

Die Energie des Sterbenden - Akte: XXX

Nach meinem Zuckerkoma verbesserten sich meine Werte. Viele Organe waren ausgefallen, so richtig bewusst war mir dies im Krankenhaus noch nicht. 14 Tage lag ich auf der Intensivstation. So manchen Patienten sah ich kommen und gehen. Einer ging nicht mehr. Als er eingeliefert wurde, sagte mein Pfleger zu mir: „Er hat Dein Alter, aber er ist aufgebraucht. Rauchen, Alkohol und Geschwüre haben ihm sehr zugesetzt. Wir versuchen alles, damit er aus dem Koma erwacht."

Ich konnte meinen Bettnachbarn nicht direkt sehen, nur das Fußende. Morgens sah ich dann folgende Erscheinung: Ein kleiner, sehr stark leuchtender Punkt, etwa 5 cm groß, erhob sich in einer Kurve vom Bett aus nach oben und verschwand durch die Decke.

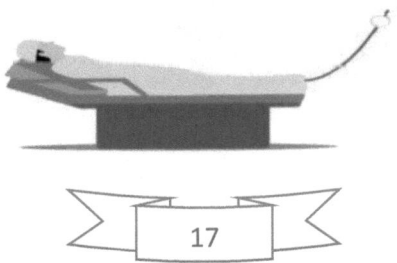

Ich sah so etwas schon einmal. 1992 lag die Mutter meiner Frau im Sterben. Wir sahen diesen Energiepunkt beide. Der Rottweiler wohl auch, denn er verfolgte den Punkt durchs Zimmer, bis er verschwand.

Nun gut, ich wusste ja nun Bescheid. Ich sprach ein Gebet und verabschiedete meinen Bettnachbarn. Im selben Augenblick ertönte der Alarm. Ärzte, Schwestern und Pfleger eilten herbei. Mein Pfleger fragte mich dann: „Ist das ein Problem für Dich? Soll ich Dich rausschieben?" „Nein", sagte ich, „alles ist okay. Ich habe ihn mit einem Gebet verabschiedet."

Rückblick: Was wurde aus der Geschichte
ÜBERSINNLICHES ODER EINBILDUNG?

Iris und Bernd haben auf unseren Rat gehört und immer wieder laut gesagt: „Geist, Du bist willkommen! Finde deinen Weg zum Licht!" Heute ist alles im grünen Bereich. Hier noch einmal, was uns damals zugetragen wurde:

Übersinnliches oder Einbildung? - Akte: Müller 01.20

Früher habe ich mit einem Schmunzeln im Gesicht zugehört, wenn mir jemand etwas über übersinnliche Phänomene oder Geister erzählt hat. Ich konnte mir beim besten Willen nicht vorstellen, dass es sowas wirklich gibt. Mittlerweile denke ich anders darüber, denn ich bin eines Besseren belehrt worden. Was ich erlebe, in dem Haus mit der Nummer 6, ist einfach kaum zu glauben. Es gibt viele Menschen, die diesbezüglich schlimmere Dinge erfahren mussten, aber für mich ist es jetzt schon der blanke Horror. Im Laufe meiner noch kommenden Geschichten werde ich über meine Erlebnisse hier berichten. Nun aber möchte ich von dem neusten Vorfall schreiben.

Das Haus, in dem ich lebe, besitzt drei Etagen. Ich beschreibe es hier, damit Sie sich ein Bild von der Größe machen können. Vielleicht können Sie dann besser verstehen, dass man gerade in der Nacht nicht alleine sein möchte. In der oberen Etage befinden sich zwei Badezimmer, ein Ankleideraum, Schlafzimmer und ein großer Büroraum, in dem wir arbeiten. Darunter befindet sich die Küche, ein riesiges Wohnzimmer mit Essbereich, eine Terrasse mit einer Treppe, die in den Garten führt. Ganz unten, wenn man zur Haustür hereinkommt ist der Heizungsraum, eine Waschküche und ein riesiger Hobbyraum. Von diesem Raum aus kann man auch in den Garten gehen. Nun ja, alles ist riesig, würde ich mal sagen.

Damit wir hören, wenn zum Beispiel ein Einbrecher die Treppe heraufkommt, haben wir zwei Bewegungsmelder angebracht. Ein zwitschernder Vogel, der auf elektromagnetische Impulse reagiert und eine kleine Lampe mit der gleichen Funktion. Wenn nun jemand daran vorbeiläuft oder das Licht wird ein- oder ausgeschaltet, fängt der Vogel an zu pfeifen und die kleine Lampe springt an. Aber wirklich nur dann. Heute Morgen zwitscherte der Vogel mehrmals hintereinander, die kleine Lampe sprang ebenfalls ein paar Mal an. Es war noch dunkel und wir wurden davon wach. In den darauffolgenden Stunden wiederholte es sich einige Male. Makaber, nicht wahr? Ja, ist es wohl. Gruselig ist gar kein Ausdruck.

Einen Tag später ging ich um 7 Uhr am Morgen hinunter, machte mir einen Kaffee und setzte mich dabei in das mehr oder weniger dunkle, riesige Wohnzimmer. Plötzlich wurde ich durch ein lautes Pochen an der Terrassentür aus meinen Gedanken gerissen. Zudem wackelte ein Raumteiler, den man zusammenklappen kann, heftig hin und her. Ein Deko-Kranz fiel von der Wand. Unser Hund wartet sonst immer, bis ich fertig bin, um dann noch mal mit mir nach oben zu gehen. Dieses Mal war es anders.
Er hatte Angst und rannte schon vorher die Treppe hinauf. Er verkroch sich unter die Bettdecke und kam auch, nachdem ich ihn gerufen hatte, nicht heraus.
Ich glaube, Tiere haben ganz feine Sensoren und merken genau, wenn etwas nicht stimmt.
Offensichtlich spukt es gewaltig im Haus mit der Nummer 6. Ich habe zwar keine Angst, aber ein bedrückendes, mulmiges Gefühl ist geblieben.
Außerdem bin ich seit einiger Zeit ständig müde und habe das Gefühl, jemand saugt mir meine Energie aus dem Körper. Ein Blutbild beim Arzt war in Ordnung, folglich kann es nichts Körperliches sein.

Komisch ist nur, wenn ich das Haus verlassen habe geht, es mir recht gut. Komme ich zurück, beginnt sofort wieder dieses Gefühl. Ich behaupte felsenfest, dass wir von Geistern umlagert sind.

Nachbarn sprachen von Esoterischer-Neigung der ehemaligen Besitzerin.

<u>Das Auto will nicht immer</u> - Akte: Böcker 12.21

Herbert mailte uns, dass das, was er erleben würde, niemand glauben wird.

Herbert geht einem ganz normalen Beruf nach, er ist Glaser. Seine Frau hat die Kinder großgezogen und kümmert sich heute um ihren Mann und ums Haus. Nachdem Herbert vor Jahrzehnten eine Glaskugel geschenkt bekommen hatte, interessierte sich seine Frau für das Jenseits. Regelmäßige Treffen finden im Haus statt. Mit Cassetten-Recordern geht man auf die Suche nach Nachrichten aus dem Jenseits. Herbert besucht dann immer einen Freund.

Mit dem Auto stimmt nun seit geraumer Zeit etwas nicht mehr. Es ist ein Diesel, hat erst 80000 km auf dem Tacho und Gott sei Dank, nach den ganzen Diskussionen im Augenblick, die grüne Plakette.
Ein Diesel benötigt eine kurze Vorglühzeit. Das weiß jeder. Herbert steigt also ein, dreht den Schlüssel auf Vorglühen und dann dreht der Anlasser nur ½ Mal. Beim nächsten Versuch dreht der Anlasser 1 bis 2 Mal. Nach dem 6. bis 8. Mal startet der Wagen endlich. Nun das Verblüffende: Geht Herberts Frau mit zum Wagen, startet der Wagen nach dem 1. Mal. Ganz gleich, wie das Wetter ist.

Wir wollten mehr wissen und besuchten Iris und Herbert. Iris legte ihre Hände auf die Motorhaube und der Wagen startete. Unglaublich! Im Internet gab es ähnliche Fehler zu finden. Der Anlasser und ein Modul wurden getauscht, für bis zu 3500 Euro. Herbert aber vertraut lieber seiner Iris.

Und wie ging es bei den Krügers weiter?
Hier nochmals zur Erinnerung:

<u>Blendende Erscheinung</u> - Akte: Krüger 01.21

Es war um 2 Uhr in der Nacht. Wie üblich stieg der
Rottweiler Flinn aus seinem Korb, streckte sich und
wollte zum Pipi machen in den Garten. Ich werde jedes
Mal davon wach. Aber es stört mich nicht, besser
gesagt, doch schon etwas. Die Schlafzimmertür stand
bis zur Hälfte auf. Meine Frau schlief ruhig und
zufrieden. Ich richtete mich etwas auf und sah
zwischen der halb geöffneten Tür in den Flur.
Flinn lief zur Tür, drehte um und sprang in unser
Ehebett. Meine Frau erwachte.

Ich sah dieses Ding, etwa 60 cm in der Höhe und 20 cm
in der Breite. Es leuchtete grell, aber es leuchtete
nichts an. Es sah wie ein DNA-Strang aus. Ich beugte
mich weiter vor, da ging die Tür mit einem Quietschen
zu. Sie fiel nicht ins Schloss, soviel Energie war nicht
da. Meine Frau sah es noch genau. Mutig ging ich zur
Tür und öffnete diese wieder. Das Ding war weg. Etwa
30 Minuten bewegte ich die Tür hin und her, aber das
Quietschen bekam ich nicht mehr zu hören.

Nie wieder gab es diese Erscheinung. Sie versuchen
immer noch, dass die Tür quietscht, aber sie quietscht
nicht.

Unerklärliche Phänomene mit dem Kabelanschluss
Akte: Bredenbröker 11.19

Wir wissen nicht, wie viele Menschen einen
Kabelanschluss besitzen, vielleicht 50 %? Keine
Ahnung! Auf jeden Fall funktioniert es doch so: Vom
Kabel in der Straße bekommt man einen Abzweig zum
eigenen Haus oder in die Wohnung. Im eigenen Haus
wird ein Gerät verbaut und eingestellt, was perfekte
Signale per Koaxialkabel zu unserem Fernseher liefert.
Alles okay so weit!

Bei unseren Freunden Udo und Claudia gab es
folgendes unerklärliches Problem. Plötzlich, von heute
auf morgen, gab es keine privaten TV-Programme
mehr und das seit 6 Monaten. Das kann passieren,
nichts ist unmöglich. Nur, die Programme
verschwanden immer zwischen 20 Uhr 15 und 20 Uhr
30. Täglich! Erklären Sie das mal dem Kundendienst.

Zu erwähnen ist, dass Udos Vater am Vortag um 20
Uhr 15 den Übergang antrat. Er baute die Anlage in
den 1970'ern auf. Aber das kann ja nichts zur Sache
tun, oder?

Der Techniker kam. Udo fragte gleich: „Haben Sie den
Beruf erlernt?" „Nein, aber einen Lehrgang besucht",
sagte der Techniker. Mit einem Messgerät, handgroß,
ging er auf Spurensuche. „Alles ist bestens. Trotzdem
tausche ich die Dose." Gesagt, getan. Nebenbei sagte
er noch, dass er bislang jeden Fehler gefunden hätte.
Und, dass heute Abend alles bestens sei. Der Abend
kam. Udo sah noch den Wetterbericht im Ersten, dann
RTL... es war 20 Uhr 17. RTL gab es nicht, auch nicht

die anderen Privaten. Morgens gegen 11 Uhr war alles wieder okay.

Der nächste Techniker machte es ganz kurz. „Ist doch alles in Ordnung!", sagte er und ging nach 5 Minuten. „Ist doch klar", rief ihm Udo noch zu, „es ist ja auch erst 15 Uhr!"

Dann kam der dritte Techniker. „Nun, sie müssen sich einen neuen Fernseher kaufen, dazu noch den neuen Vertrag mit 100.000'er Leitung", sagte er. Udo liest im Internet Zeitung, Claudia sucht Kochrezepte. Ihr TV ist ein 4 Jahre junger Samsung.

Jetzt kam endlich ein Experte. Er hat zwei Lehrgänge besucht… und abgeschlossen! Mit dem gleichen Messgerät fand er heraus, dass RTL und Co. ein bisschen schwach auf der Brust seien würden. Im Keller gab es neue Bauteile. Ja, und es half! Etwas zumindest. Denn jetzt schalteten RTL und Co. erst um 21 Uhr 45 ab. Am nächsten Morgen sollte der nächste Anruf sein, aber um 22 Uhr gab es einen Stromausfall im Stadtteil. Um 3 Uhr gab es wieder Strom, und auch die Privaten zu sehen. Eine ganze Woche war alles gut. Dann flog ein Hubschrauber übers Haus und alles war vorbei.

Udo, Ingenieur, nahm die Sache nun selbst in die Hand. Er legte eine Leitung quer durchs Haus. Am TV angeschlossen, alles war okay, für den Augenblick, nicht aber am Abend.

Udo erzählte uns davon, wir besuchten ihn. Ich sagte aus Spaß: „Das Stromkabel vom TV kreuzt das Antennenkabel. Leg' das mal anders." Wir lachten alle.

„Ist klar", sagte Udo, „das Koaxial-Kabel der Antenne ist doch abgeschirmt. Außerdem ist die gesamte Anlage neu geerdet worden." Udo legte spaßeshalber das Kabel weg vom Stromkabel… RTL war da! Hier stoppt nun das unerklärliche Experiment. Udo verlegte außen am Haus ein neues Kabel. Seither gab es keine Probleme mehr.

Nachtrag: Wochen später gab es den Fehler wieder. Die Konsequenz: Udo baute eine Sat-Anlage auf.

Was wurde aus der blonden Gestalt?

Der Geist ist nie wieder erschienen.

Ein Geist in blond - Akte: Reimann 01.22

Es war eine ganz normale Nacht. Gegen 3 Uhr wurde ich wach. Die Augen waren geschlossen. Ich fühlte mich beobachtet. Langsam öffnete ich meine Augen und erschrak fürchterlich. Über mich beugte sich eine Frau mit blonden Haaren und rotem Gewand. Sie hatte kein Gesicht, alles war mit diesen hellblonden Haaren bedeckt. Das Gewand war rot, ohne Arme und nach unten spitz zulaufend. Diese Erscheinung war etwa 170 cm groß. Es war dunkel im Raum und trotzdem konnte ich diese leuchtenden Haare und das rote Gewand deutlich ausmachen. Langsam bewegte ich mich aus Angst zur Bettmitte in Richtung meiner Frau, die fest schlief. Sie nahm gegen 23 Uhr eine Schlaftablette. Die Erscheinung ließ von mir ab und richtete sich auf.

Dabei schwebte sie vom Bett ab in Richtung Schrank und wurde über 2 Meter groß. Meine Angst vergrößerte sich, ich schloss die Augen. Irgendwann schlief ich ein.

Und wie sieht es bei Silke und ihrem Sohn aus?

Sie bekamen noch ihre Antworten. Danach gab es keinen Kontakt mehr.
Silke sagte zu uns: „Wir wissen nun, dass wir uns alle wieder sehen werden."

Hier noch einmal ihre Geschichte:

<u>Antworten aus dem Jenseits</u> - Akte: Breuckmann 02.22

Bewegungsmelder arbeiten nach verschieden Prinzipien. Wir haben sie alle, weil wir an das Übernatürliche glauben. Wir stellten fest, dass ein Bewegungsmelder nicht nur Helligkeitsabhängig ist, sondern auch vom Lichtschalter beeinflusst wird, obwohl beide nichts miteinander zu tun haben.
Unser Test ging so: Wir klebten den Lichtsensor ab und schalteten das Flurlicht an. Nichts passierte. Schalteten wir das Flurlicht aus, so piepte der Sensor. Wir schraubten die Lampe heraus. Trotzdem piepte es, wenn man das Flurlicht ausgeschaltet hat, obwohl nicht an. Voraus ging folgende Erscheinung: Um 7 Uhr morgens wurde ich wach, da ich mich beobachtet fühlte. Etwa 5 Sekunden später piepte der Bewegungsmelder. Es war dunkel im Haus, das Flurlicht nicht eingeschaltet. Kein Licht, kein Schatten,

der den Bewegungsmelder auslösen hätte können. Diese Erscheinung erzählte ich um 10 Uhr meinem Sohn. Wir saßen im Esszimmer. „Ob das Vater war?", fragte ich meinen Sohn. In dem Augenblick piepte der Bewegungsmelder zweimal. Auch weitere Fragen wurden auf diese Art beantwortet. Antworten, die nur ich und mein Sohn kannten.

Es gibt also kein Signal, wenn eine Energie kommt, sondern wenn sie geht. So zumindest testeten wir es mit den Sensoren. Lichtschalter einschalten... nichts passiert... Lichtschalter ausschalten... Signal ertönt. Um 7 Uhr wurde ich also wirklich beobachtet. Ein Energiewesen kam, es gab kein Signal, es beobachtete mich, ich wurde wach... das Energiewesen ging... das Signal ertönte. War es mein verstorbener Mann Wolfgang?

Bis auf ganz private Fragen, die nicht veröffentlicht werden, gab es Antworten auf:

Hast Du beim Übergang gelitten? „Nein"

Gibt es das Licht? „Ja"

Hast Du materielle Verluste verkraftet? „Ja"

Hast Du Verwandte getroffen? „Ja"

Erkennt man sich mit Namen? „Nein"

Erkennt man sich an Schwingungen? „Ja"

Behalten wir unser eigenes ICH? „Ja"

Jeder muss sich seine Gedanken selbst machen. Es könnte sich ja auch um einen technischen Defekt handeln, oder?

Schlusswort/Schlussüberlegung:

In unseren Gehirnen fließt Strom, das lässt sich nachweisen. Wir sind also Energie. Laut Albert Einstein, kann Energie nicht verloren gehen, sondern wird nur umgewandelt. Was ist, wenn der von mir gesehene Leuchtpunkt tatsächlich diese Umwandlung in Energie gewesen ist? Was ist, wenn es Verstorbene gibt, die noch nicht ganz mit ihrem Leben fertig waren? Wenn sie noch etwas zu sagen hatten? Wenn sie sich noch nicht von ihrem Besitz trennen konnten? Wenn sie ihrem Partner oder ihrem Kind noch etwas sagen wollten, sie vielleicht noch beschützen wollen? Wenn sie ganz einfach noch nicht zum Licht gegangen sind?

Dann werden sie doch entweder zu Poltergeistern oder zu unseren Schutzengeln. In diesem Buch sind nur erzählte Geschichten zu lesen. Aber so wurden sie nun einmal an uns herangetragen. In diversen Dokumentationen werden originale Aufnahmen gezeigt, die schon gute Geister und Poltergeister bestätigen.

In unserem Buch über den Omegapunkt
(Der Omegapunkt ist End- und Zielpunkt in der theologischen bzw. philosophischen Betrachtung der Evolution bei Pierre Teilhard de Chardin und Frank Tipler. Dieser Endpunkt trägt den Namen Omega nach der Bibelstelle „Ich bin das Alpha und das Omega, der Erste und der Letzte, der Anfang und das Ende.")
geben wir den Rat, um direkt zum Licht zu kommen, sich von materiellen Dingen zu trennen. Das bedeutet nicht, dass Menschen, die ihr Leben noch vor sich haben, auf ihr schönes Auto, ihr Haus oder sonstiges

verzichten sollen. Nein, wir sprechen vom fortgeschrittenen Alter, eben nichts festzuhalten. Sonst könnten sie schließlich zum Poltergeist werden. Aber auch sollten wir die Erinnerungen an die erlebte Zeit loslassen. Wir leben im Hier und Jetzt, aber das lag ja auch einmal in unserer erlebten Gegenwart. Können wir uns von diesen Erinnerungen nicht trennen, können wir auch zum guten oder bösen Geist werden. Wer einen Geist erlebt, sollte zu ihm sagen, dass er zum Licht gehen soll. Auch, dass er sich von diesen Erinnerungen befreien kann.

Die Frage steht im Raum, bin denn das auch noch ICH, wenn ich mich von allem gelöst habe? Die Antwort: Gerade das ist dann mein ICH! Gott gab uns die Möglichkeit, auf dieser wunderschönen Erde zu leben, er gab uns die Möglichkeit zu denken, zu handeln und zu lenken. Natürlich auch zu lieben, zu geben und zu nehmen. Aber nicht der Ferrari vor meinem Haus macht MICH aus, sondern das, was gerade aufgezählt wurde. Ich kann also denken, also bin ICH. Im Mittelalter war ein Pferd wichtig, in der Steinzeit ein Messer. Immer gab es etwas Wichtiges für Menschen. Aber übrig bleibt, dass wir alles konnten. Noch einmal zum Omegapunkt: Alles, wirklich alles, wird einmal zu einem Punkt zusammenkommen oder gezogen. Materie, Geist, Planeten, Atome, Strings, Schwingungen, sogar Gott, denn dann ist alles Gott. Und wir alle möchten dabei sein. Jedes Individuum, denn dann wird alles Eins!

Bleiben Sie alle gesund und leben Sie in Frieden,

Renate & Uwe H. Sültz

(Übrigens sind Namen später auch unwichtig, nur das ICH bleibt übrig!)

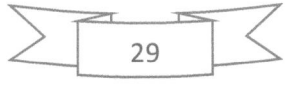

Eigene Erlebnisse

Datum Uhrzeit Erscheinung

Eigene Erlebnisse

Datum Uhrzeit Erscheinung

_____

_____

_____

_____

_____

_____

_____

_____

_____

_____

_____

_____

_____

_____

_____

_____

_____

_____

_____

_____

Eigene Erlebnisse

Datum Uhrzeit Erscheinung

_____

_____

_____

_____

_____

_____

_____

_____

_____

_____

_____

_____

_____

_____

_____

_____

_____

_____

_____

_____

_____

_____

Eigene Erlebnisse

Datum Uhrzeit Erscheinung

Eigene Erlebnisse

Datum Uhrzeit Erscheinung

Eigene Erlebnisse

Datum Uhrzeit Erscheinung

Eigene Erlebnisse

Datum Uhrzeit Erscheinung

Eigene Erlebnisse

Datum Uhrzeit Erscheinung

Eigene Erlebnisse

Datum Uhrzeit Erscheinung

Eigene Erlebnisse

Datum Uhrzeit Erscheinung

ALLES KOMMT AUS DEM NICHTS. DU KOMMST AUF DIE ERDE UM GUTES ZU TUN... UM DIE ERHALTENE ZEIT SINNVOLL UND POSITIV ZU NUTZEN... UM NACHZUDENKEN... UM AUS EINER GEISTIGEN IDEE ETWAS WERDEN ZU LASSEN...

DIE ERHALTENE ZEIT IST JEDOCH BEGRENZT. UND IRGENDWANN KEHRST DU ZURÜCK INS NICHTS, ABER DAS NICHTS IST ETWAS... DU WIRST ES SEHEN... GLAUBE. *Uwe H. Sültz*